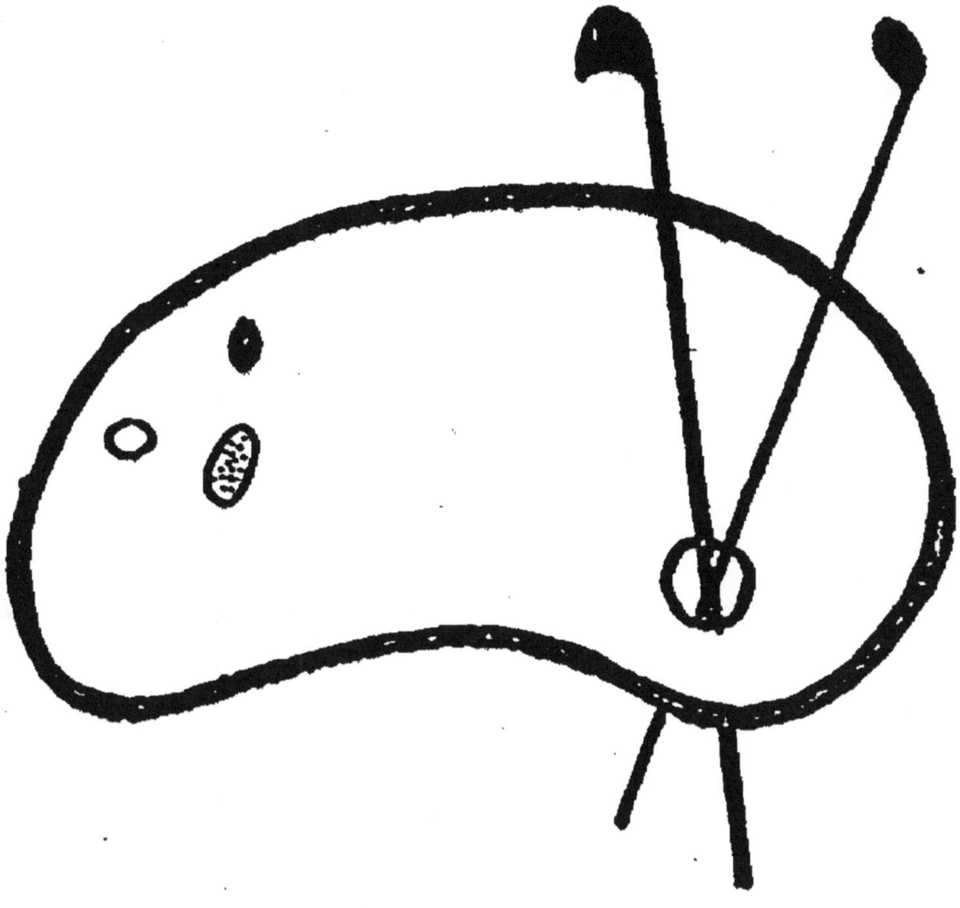

**COUVERTURE SUPERIEURE ET INFERIEURE
EN COULEUR**

L 310.

CIRCULAIRE DE LAMARTINE

AUX PUISSANCES ÉTRANGÈRES.

« Monsieur, vous connaissez les évènemens de Paris, la victoire du peuple, son héroïsme, sa modération, son apaisement, l'ordre rétabli par le concours de tous les citoyens, comme si, dans cet interrègne des pouvoirs visibles, la raison générale était à elle seule le gouvernement et la France.

La révolution française vient d'entrer ainsi dans sa période définitive. La France est République : la République française n'a pas besoin d'être reconnue pour exister. Elle est de droit naturel, elle est de droit national. Elle est la volonté d'un grand peuple qui ne demande son titre qu'à lui-même. Cependant, la République française désirant entrer dans la famille des gouvernemens institués comme une puissance régulière, et non comme un phénomène perturbateur de l'ordre européen, il est convenable que vous fassiez promptement connaître au gouvernement, près duquel vous êtes accrédité, les principes et les tendances qui dirigeront désormais la politique extérieure du gouvernement français.

La proclamation de la République française n'est un acte d'agression contre aucune forme de gouvernement dans le monde. Les formes de gouvernement ont des diversités aussi légitimes que les diversités de caractère, de situation géographique et de développement intellectuel, moral et matériel chez les peuples. Les nations ont, comme les individus, des âges différents. Les principes qui les régissent ont des phases successives. Les gouvernemens monarchiques, aristocratiques, constitutionnels, républicains, sont l'expression de ces différens degrés de maturité du génie des peuples. Ils demandent plus de liberté à mesure qu'ils se sentent capables d'en supporter davantage ; ils demandent plus d'égalité et de démocratie à mesure qu'ils sont inspirés par plus de justice et d'amour pour le peuple. Question de temps. Un peuple se perd en devançant l'heure de cette maturité, comme il se déshonore en la laissant échapper sans la saisir. La monarchie et la république ne sont pas, aux yeux des véritables hommes d'État, des principes absolus qui se combattent à mort ; ce sont des faits qui se contrastent et qui peuvent vivre face à face, en se comprenant et en se respectant.

La guerre n'est donc pas le principe de la République française, comme elle en devint la fatale et glorieuse nécessité en 1792. Entre 1792 et 1848, il y a un demi-siècle ; au principe de 1792 ou au principe de conquête de l'empire, ce ne serait pas avancer, ce serait rétrograder dans le temps. La révolution d'hier est un pas en avant, non en arrière. Le monde et nous, nous voulons marcher à la fraternité et à la paix.

Si la situation de la République française, en 1792, expliquait la guerre, les différences qui existent entre cette époque de notre histoire à l'époque où nous sommes explique la paix. Ces différences, appliquez-vous à les comprendre et à les faire comprendre autour de vous.

En 1792, la nation n'était pas une. Deux peuples existaient sur un même sol. Une lutte terrible se prolongeait encore entre les classes dépossédées de leurs priviléges et les classes qui venaient de conquérir l'égalité et la liberté. Les classes dépossédées s'unissaient avec la royauté captive et l'étranger jaloux pour nier sa révolution à la France, et pour lui réimposer la monarchie, l'aristocratie et la théocratie par l'invasion. Il n'y a plus de classes distinctes et inégales aujourd'hui. La liberté a tout affranchi. L'égalité devant la loi a tout nivelé. La fraternité, dont nous proclamons l'application et dont l'assemblée nationale doit organiser les bienfaits, va tout unir. Il n'y a pas un seul citoyen en France, à quelque opinion qu'il appartienne, qui ne se rallie au principe de la patrie avant tout, et qui ne la rende, par cette union même, inexpugnable aux tentatives et aux inquiétudes d'invasion.

En 1792, ce n'était pas le peuple tout entier qui était entré en possession de son gouvernement : c'était la classe moyenne seulement qui voulait exercer la liberté et en jouir. Le triomphe de cette classe moyenne était alors égoïste, comme le triomphe de toute oligarchie. Elle voulait retenir pour elle seule les droits conquis par tous. Il lui fallait pour cela opérer une diversion forte à l'avénement du peuple, en le précipitant sur les champs de bataille, pour l'empêcher d'entrer dans son propre gouvernement. Cette division, c'était la guerre. La guerre fut la pensée des *monarchiens* et des *Girondins ;* ce ne fut pas la pensée des démocrates les plus avancés, qui voulaient, comme nous, le règne sincère, complet et régulier du peuple lui-même, en comprenant dans ce nom toutes les classes sans exclusion et sans préférence, dont se compose la nation.

En 1792, le peuple n'était que l'instrument de la révolution, il n'en était pas l'objet. Aujourd'hui la révolution s'est faite par lui et pour lui. Il est la révolution elle-même. En y entrant, il y apporte ses besoins nouveaux de travail, d'industrie, d'instruction, d'agriculture, de commerce, de moralité, de bien-être, de propriété, de vie à bon marché, de navigation, de civilisation enfin, qui sont tous besoins de paix ! Le peuple et la paix, c'est un même mot.

En 1792, les idées de la France et de l'Europe n'étaient pas préparées à comprendre et à accepter la grande harmonie des nations entre elles, au bénéfice du genre humain. La pensée du siècle qui finissait n'était que dans la tête de quelques philosophes. La philosophie est populaire aujourd'hui. Cinquante années de liberté de penser, de parler et d'écrire, ont produit leur résultat. Les livres, les journaux, les tribunes ont opéré l'apostolat de l'intelligence européenne. La raison rayonnant de partout, par-dessus les frontières des peuples, a créé entre les esprits cette grande nationalité intellectuelle qui sera l'achèvement de la révolution française et la constitution de la fraternité internationale sur le globe.

Enfin, en 1792, la liberté était une nouveauté, l'égalité était un scandale, la République était un problème. Le titre des peuples, à peine découvert par Fénelon, Montesquieu, Rousseau, était tellement oublié, enfoui, profané par les vieilles traditions féodales, dynastiques, sacerdotales, que l'intervention la plus légitime du peuple dans ses affaires paraissait une monstruosité aux hommes d'Etat de l'ancienne école. La démocratie faisait trembler à la fois les trônes et les fondemens des sociétés. Aujourd'hui les trônes et les peuples se sont habitués au mot, aux formes, aux agitations régulières de la liberté exercée dans des proportions diverses presque dans tous les Etats, même monarchiques. Ils s'habitueront à la République, qui est sa forme complète chez les nations plus mûres. Ils reconnaîtront qu'il y a une liberté conservatrice; ils reconnaîtront qu'il peut y avoir dans la République, non-seulement un ordre meilleur, mais qu'il peut y avoir plus d'ordre véritable dans ce gouvernement de tous pour tous, que dans le gouvernement de quelques-uns pour quelques-uns.

Mais en dehors de ces considérations désintéressées, l'intérêt seul de la consolidation et de la durée de la République inspirerait aux hommes d'Etat de la France des pensées de paix. Ce n'est pas la patrie qui court les plus grands dangers dans la guerre, c'est la liberté. La guerre est presque toujours une dictature. Les soldats oublient les institutions pour les hommes. Les trônes tentent les ambitieux. La gloire éblouit le patriotisme. Le prestige d'un nom victorieux voile l'attentat contre la souveraineté nationale. La République veut de la gloire, sans doute, mais elle la veut pour elle-même, et non pour des César ou des Napoléon.

Ne vous y trompez pas, néanmoins; ces idées que le gouvernement provisoire vous charge de présenter aux puissances comme gage de sécurité européenne, n'ont pas pour objet de faire pardonner à la République l'audace qu'elle a eue de naître ; encore moins de demander humblement la place d'un grand peuple en Europe ; elles ont un plus noble objet : faire réfléchir les souverains et les peuples, ne pas leur permettre de se tromper involontairement sur le caractère de notre révolution ; donner son vrai jour et sa physionomie juste à l'événement, donner des gages à l'humanité enfin, avant d'en donner à nos droits et à notre honneur, s'ils étaient méconnus ou menacés.

La République française n'intentera donc la guerre à personne. Elle n'a pas besoin de dire qu'elle l'acceptera si on pose des conditions de guerre au peuple Français. La pensée des hommes qui gouvernent en ce moment la France est celle-ci : Heureuse la France si on lui déclare la guerre, et si on la contraint ainsi à grandir en force et en gloire, malgré sa modération ! Responsabilité terrible à la France si la République déclare elle-même la guerre sans y être provoquée ! Dans le premier cas, son génie martial, son impatience d'action, sa force accumulée pendant tant d'années de paix la rendraient invincible chez elle, redoutable peut-être au-delà de ses frontières. Dans le second cas, elle tournerait contre elle les souvenirs de ses conquêtes qui désaffectionnent les nationalités, et elle compromettrait sa première et sa plus universelle alliance, l'esprit des peuples et le génie de la civilisation.

D'après ces principes, Monsieur, qui sont les principes de la France de sang-froid, principes qu'elle peut présenter sans crainte comme sans défi à ses amis et à ses ennemis, vous voudrez bien vous pénétrer des déclarations suivantes :

Les traités de 1815 n'existent plus en droit aux yeux de la République française ; toutefois, les circonscriptions territoriales de ces traités sont un fait qu'elle admet comme base et comme point de départ dans ses rapports avec les autres nations.

Mais si les traités de 1815 n'existent plus que comme faits à modifier d'un accord commun, si la République déclare hautement qu'elle a pour droit et pour mission d'arriver régulièrement et pacifiquement à ces modifications, le bon sens, la modération, la conscience, la prudence de la République existent et sont pour l'Europe une meilleure et plus honorable garantie que les lettres de ces traités si souvent violés ou modifiés par elle.

Attachez-vous, Monsieur, à faire comprendre et admettre de bonne foi cette émancipation de la République des traités de 1815 et à montrer que cette franchise n'a rien de conciliable avec le repos de l'Europe.

Ainsi, nous le disons hautement : si l'heure de la reconstruction de quelques nationalités opprimées en Europe ou ailleurs, nous paraissait avoir sonné dans les décrets de la Providence; si la Suisse, notre fidèle alliée depuis François Ier, était contrainte ou menacée dans le mouvement de croissance qu'elle opère chez elle pour prêter une force de plus aux faisceaux des gouvernements démocratiques; si les Etats indépendants de l'Italie étaient envahis; si l'on imposait des limites ou des obstacles à leurs transformations intérieures; si on leur contestait le droit de s'allier entre eux pour consolider une patrie italienne, la République française se croirait en droit d'armer elle-même pour protéger ces mouvemens légitimes de croissance et de nationalité des peuples.

La République, vous le voyez, a traversé du premier pas l'ère des proscriptions et des dictatures. Elle est décidée à ne jamais voiler la liberté au dedans. Elle est décidée également à ne jamais voiler son principe démocratique au dehors.

Elle ne laissera mettre la main de personne entre le rayonnement pacifique de sa liberté et le regard des peuples. Elle se proclame l'alliée intellectuelle et cordiale de tous les droits, de tous les progrès, de tous les développements légitimes d'institutions des nations qui veulent vivre du même principe que le sien. Elle ne fera point de propagande sourde ou incendiaire chez ses voisins. Elle sait qu'il n'y a de libertés durables que celles qui naissent d'elles-mêmes sur leur propre sol. Mais elle exercera par la lueur de ses idées, par le spectacle d'ordre et de paix qu'elle espère donner au monde, le seul et honnête prosélytisme de l'estime et de la sympathie. Ce n'est point là la guerre, c'est la nature. Ce n'est point là l'agitation de l'Europe, c'est la vie. Ce n'est point là incendier le monde, c'est briller de sa place sur l'horizon des peuples pour les devancer et les guider à la fois.

Nous désirons, pour l'humanité, que la paix soit conservée. Nous l'espérons même. Une seule question de guerre avait été posée, il y a un an, entre la France et l'Angleterre. Cette question de guerre, ce n'était pas la France républicaine qui l'avait posée, c'était la dynastie. La dynastie emporte avec elle ce danger de guerre qu'elle avait suscité pour l'Europe par l'ambition toute personnelle de ses alliances de famille en Espagne. Ainsi cette politique domestique de la dynastie déchue, qui pesait depuis dix-sept ans sur notre dignité nationale, pesait en même temps par ses prétentions à une couronne de plus à Madrid, sur nos alliances libérales et sur la paix. La République n'a point de népotisme. Elle n'hérite pas des prétentions d'une famille. Que l'Espagne se régisse elle-même; que l'Espagne soit indépendante et libre. La France, pour la solidité de cette alliance naturelle, compte plus sur la conformité de principes que sur les successions de la maison de Bourbon!

Tel est, Monsieur, l'esprit des conseils de la République, tel sera invariablement le caractère de la politique franche, forte et modérée que vous aurez à représenter.

La République a prononcé en naissant, et au milieu de la chaleur d'une lutte non provoquée par le peuple, trois mots qui ont révélé son âme et qui appelleront sur son berceau les bénédictions de Dieu et des hommes : LIBERTÉ, EGALITÉ, FRATERNITÉ. Elle a donné le lendemain, par l'abolition de la peine de mort en matière politique, le véritable commentaire de ces trois mots au dedans; donnez-leur aussi leur véritable commentaire au dehors. Le sens de ces trois mots appliqués à nos relations extérieures est celui-ci : affranchissement de la France des chaînes qui pesaient sur son principe et sur sa dignité; récupération du rang qu'elle doit occuper au niveau des grandes puissances européennes; enfin, déclaration d'alliance et d'amitié à tous les peuples. Si la France a la conscience de sa part de mission libérale et civilisatrice dans le siècle, il n'y a pas un de ces mots qui signifie GUERRE. Si l'Europe est prudente et juste, il n'y a pas un de ces mots qui ne signifie PAIX.

Recevez, Monsieur, l'assurance de ma considération très-distinguée.
LAMARTINE,
Membre du Gouvernement provisoire de la République et ministre des Affaires étrangères.

DISCOURS DE LOUIS BLANC

AUX OUVRIERS.

1re Séance au Luxembourg.

Aujourd'hui, à deux heures, a eu lieu, dans la salle de l'ancienne pairie, au palais du Luxembourg, la réunion générale des divers corps d'état de Paris, au nombre d'environ 250. L'ordre le plus admirable a régné dans cette assemblée. Nul tumulte, nulle confusion, comme l'exemple en a été si souvent donné dans la même enceinte ou dans une autre. La sonnette, absente, est inutile. MM. Louis Blanc et Albert, président et vice-président de la commission du gouvernement pour les travailleurs, montent ensemble au bureau.

M. Louis Blanc est aussitôt monté à la tribune et a prononcé un magnifique discours, interrompu seulement par de vifs applaudissemens. Voici les passages que nous avons le plus remarqué :

« Elus du travail, représentans de ceux qui produisent et qui souffrent, mes concitoyens, mes frères.

« En vous voyant réunis dans cette enceinte que le privilége avait choisi pour son sanctuaire, dans cette enceinte où l'on a fait tant de lois sans vous, malgré vous, contre vous, je ne puis me défendre d'une émotion profonde. A ces mêmes places où brillaient des habits brodés, voici des vestes, que le travail a noblement usés que peut-être ont déchirées de récens combats.

« Vous vous le rappelez : du haut de la tribune où je parle, un tribun des aristocraties évoquait naguère contre l'idée républicaine les plus sinistres puissances du passé, et à sa voix les pairs de France se levèrent dans un indicible transport : des législateurs à têtes blanches déployèrent des passions qu'on croyait endormies et glacées. Ici même la République de nos pères fut maudite ; l'on osa défendre la République à nos enfans, et toutes les mains se levèrent pour jurer haine à l'avenir.

« Eh bien, les provocateurs, au bout de quelques jours, avaient disparu. Où sont-ils maintenant ? Tout le monde l'ignore, et, à leur place, c'est vous qui siégez, élus du travail. Voilà comment l'avenir a répondu ! (Applaudissemens unanimes.)

« Voilà comment l'avenir a répondu ! Oui, il y a quelques jours certains hommes, défenseurs du peuple, étaient calomniés à cause de lui. On disait qu'ils étaient des factieux, des hommes impossibles, qu'ils étaient des rêveurs. Eh bien, il s'est trouvé, grâce à la victoire du peuple et à son courage, que ceux qu'on appelait des factieux sont maintenant chargés de la resposabilité de l'ordre. (Bravos prolongés.)

« Il s'est trouvé que ceux qu'on appelait des rêveurs ont maintenant le maniement de la société. Les hommes impossibles sont devenus tout-à-coup les hommes nécessaires. On les dénonçait comme les apôtres systématiques de la terreur. Or, le jour où la révolution les a poussés aux affaires, qu'ont-ils fait ? Ils ont aboli la peine de mort, et leur plus chère espérance est de pouvoir vous conduire un jour sur la place publique, et là, dans l'éclat d'une fête nationale, de vous inviter à détruire jusqu'aux derniers vestiges de l'échafaud. (Applaudissemens immenses.)

« Les questions à résoudre ne sont malheureusement pas faciles. En touchant à un seul abus, on les menace tous. D'une extrémité de la société à l'autre, le mal forme comme une chaîne dont il n'est plus possible d'ébranler un anneau sans que toute la chaîne s'agite. Voilà la difficulté de la situation, et elle n'est pas médiocre.

« Pour vous en donner un exemple frappant, le lendemain de la révolution, qu'a demandé le peuple ? la diminution des heures de travail ; réclamation touchante, fondée sur des *considérans* héroïques. Nous demandons, a dit le peuple, une diminution des heures de travail pour qu'il y ait plus d'emploi à donner à nos frères qui en manquent, et pour que l'ouvrier ait une heure, au moins une heure, pour vivre de la vie de l'intelligence et du cœur. (Explosion d'applaudissemens.)

« Voilà ce qui nous a été dit, et sur-le-champ, sans hésitation cette fois, après avoir pesé franchement avec le cœur la portée d'un pareil acte, nous avons dit : Il faut que cela soit, cela sera ; advienne que pourra ! (Nouveaux applaudissemens.)

. . . .

« Mais quoi ! Diminuer les heures de travail, n'est-ce point porter atteinte à la production, pousser au renchérissement des produits, resserrer la consommation, courir risque d'assurer, sur nos marchés, aux produits du dehors, une supériorité qui, en fin de compte, pourrait tourner contre l'ouvrier lui-même ? Ne dissimulons rien : c'est là une objection qui a quelque chose de fort sérieux. Elle prouve que les travailleurs ont intérêt à apporter de la mesure dans leurs réclamations les plus légitimes ; elle prouve que, pour être promptement réalisables, les vœux populaires ne doivent pas être trop impatiens ; elle montre enfin jusqu'à quel point, dans l'organisation économique actuelle, tout progrès partiel est difficilement réalisable.

« Que d'exemples ne pourrais-je pas en fournir ? Vous savez quelle concurrence meurtrière et immorale les machines font au travail humain, et combien de fois, instrument de luttes aux mains d'un seul homme, elles ont chassé de l'atelier ceux à qui le travail donnait du pain. Les machines sont un progrès pourtant. D'où vient donc cette tragique anomalie ? Elle vient de ce qu'au sein de l'anarchie industrielle qui règne aujourd'hui, et par suite de la division des intérêts, tout se transforme naturellement en arme de combats. Que l'individualisme soit remplacé par l'association, et l'emploi des machines devient aussitôt un bienfait immense, parce que, dans ce cas, elles profitent à tous, et suppléent au travail sans supprimer le travailleur. (Bravo ! bravo !)

« Maintenant laissez-moi vous dire le véritable caractère de la mission qui nous a été confiée. Etudier avec soin, avec amour, les questions qui touchent à l'amélioration soit morale soit matérielle de votre sort ; formuler les solutions en projets de loi, qui, après approbation du gouvernement provisoire, seraient soumis aux délibérations de l'Assemblée nationale, tel est le but de la commission du gouvernement pour les travailleurs.

« Ai-je besoin d'ajouter combien sera auguste une assemblée devant laquelle auront été portés les plus grands intérêts qui aient jamais ému les hommes ? Car c'est de l'abolition même de l'esclavage qu'il s'agira : esclavage de la pauvreté, de l'ignorance, du mal ; esclavage du travailleur, qui n'a pas d'asile pour son vieux père ; de la fille du peuple qui, à seize ans, s'abandonne pour vivre ; de l'enfant du peuple qu'on ensevelit, à dix ou douze ans, dans une filature empestée ? Tout cela est-il tellement conforme à la nature des choses, qu'il y ait folie à croire que tout cela doit changer un jour ? Qui oserait le prétendre et blasphémer ainsi le progrès ? Si la société est mal faite, refaites-la. Abolissez l'esclavage! (Acclamations bruyantes.)

« Mais encore une fois, rien de plus difficile, rien qui exige des méditations plus profondes, une prudence plus attentive. La précipitation ici pourrait être mortelle, et, pour aborder de tels problèmes, ce n'est pas trop de la réunion de tous les efforts, de toutes les lumières, de toutes les bonnes volontés.

« Vous êtes ici trop nombreux, vous le sentez bien, pour que votre concours permanent, quotidien, soit possible. Une commission n'avance rapidement dans ses travaux qu'à la condititon d'avoir un nombre restreint de membres. Nous ne pourrons donc que donner communication, d'intervalle en intervalle, à l'assemblée des délégués, de chaque résultat important de nos travaux. (Oui ! oui ! — Très-bien !)

« Quand il s'agira d'une question spéciale, relative aux ouvriers de telle ou telle profession, nous nous mettrons en rapport avec les délégués de cette profession.

» (De toutes parts. — C'est cela!)

» Enfin, pour que votre pensée soit toujours présente, toujours vivante au milieu de nous, je vous prie de désigner dix d'entre vous, lesquels composeront un comité qui, d'une manière active, permanente, nous aidera dans nos recherches et nous dira vos souffrances, vos réclamations, vos vœux. (Bravo! bravo!)

» Un délégué. — Ces dix délégués doivent-ils représenter toute l'assemblée ?

» Le citoyen président. Ils formeraient un comité que vous nommeriez entre vous, délégués.

Un membre. — Voici un moyen très-simple de former ce comité : nous sommes tous ici des délégués nommés par les corporations des travailleurs. Nous sommes tous frères; que le sort prononce entre nous.

» M. Louis Blanc, appelé au dehors par des affaires urgentes: Permettez-moi de vous quitter maintenant, mais au revoir, c'est-à-dire au premier grand problême à résoudre, au premier acte patriotique à accomplir. Ici le rendez-vous !

(Toute la salle est debout; des ouvriers versent des larmes, en proie à une émotion inexprimable.)

Aussitôt après le départ du président, on procède au scrutin pour la formation du comité permanent de dix membres. Une urne est portée de banc en banc par un huissier.

. . . .

Le sort ayant désigné plusieurs délégués de la même corporation, les membres dont la profession se trouvait déjà représentée ont renoncé avec une fraternelle abnégation à leur droit d'entrer dans le comité, afin que le plus grand nombre possible de corporations y eussent des représentans. Voici le nom des délégués qui doivent former le comité :

MM. Philippe Pointard, boutonnier en corne, rue Ménilmontant, 44, à Belleville;
Louis Perrin, armurier, rue de Provence, 2;
Joseph Davoine, éperonnier, rue Popincourt, 66;
Pierre Barré, peintre en voitures, rue du Colisée, 9.
Jean-Célestin Legros, menuisier en bâtimens, rue Bellefond, 5;
Gustave Bernard, forgeron, rue des Petits-Hôtels, 12;
Charles Brémont, fabricant de châles à façon, rue des Rosiers, 23;
J.-B.-Médéric Hobry, tonnelier, rue de l'Ile Saint-Louis, 8.
Xavier Chagniard, fondeur en fer, rue Saint-Charles, 5, à La-Chapelle;
Nicolas-Arsène-Mouton Labrat, couvreur en bâtiments, rue de Sèvres, 82, à Vaugirard.

L'assemblée s'écoule dans le plus grand ordre, en demandant que le discours soit imprimé à un grand nombre d'exemplaires et distribué à leurs camarades qui n'ont pu l'entendre.

CIRCULAIRE DE LEDRU-ROLLIN

AUX COMMISSAIRES DE DÉPARTEMENS POUR L'INTERPRÉTATION DE LEURS POUVOIRS.

La circulaire qui vous est parvenue et qui a été publiée, traçait vos devoirs. Il importe que j'entre avec vous dans quelques détails et que je précise plus nettement ce que j'attends de votre patriotisme, maintenant que, par vos soins, la République est proclamée.

Dans plusieurs départemens on m'a demandé quels étaient vos pouvoirs. Le citoyen ministre de la guerre s'en est inquiété en ce qui touche vos rapports avec les chefs militaires. Plusieurs d'entre vous veulent être fixés sur la ligne de conduite à suivre vis-à-vis de la magistrature; enfin la garde nationale et les élections, les élections surtout, doivent être l'objet de votre constante préoccupation.

I. *Quels sont vos devoirs?*

Ils sont illimités. Agent d'une autorité révolutionnaire, vous êtes révolutionnaire aussi. La victoire du peuple vous a imposé le mandat de faire proclamer, de consolider son œuvre. Pour l'accomplissement de cette tâche, vous êtes investi de sa souveraineté, vous ne relevez que de votre conscience, vous devez faire ce que les circonstances exigent pour le salut public.

Grâce à nos mœurs, cette mission n'a rien de terrible. Jusqu'ici vous n'avez eu à briser aucune résistance sérieuse, et vous avez pu demeurer calme dans votre force; il ne faut cependant pas vous faire illusion sur l'état du pays. Les sentimens républicains y doivent être vivement excités, et pour cela il faut confier toutes les fonctions politiques à des hommes sûrs et sympathiques. Partout les préfets et sous-préfets doivent être changés; dans quelques localités on réclame leur maintien; c'est à vous de faire comprendre aux populations qu'on ne peut conserver ceux qui ont servi un pouvoir dont chaque acte était une corruption. La nomination des sous-commissaires remplaçant ces fonctionnaires vous appartient. Vous en référerez toutes les fois que vous éprouverez quelque hésitation. Choisissez de préférence des hommes appartenant au chef-lieu; vous ne les prendrez dans l'arrondissement même que lorsque vous les saurez dégagés d'esprit de coterie; n'écartez pas les jeunes gens. L'ardeur et la générosité sont le privilége de cet âge, et la République a besoin de ces belles qualités.

Vous pourvoirez aussi au remplacement des maires et des adjoints. Vous les désignerez provisoirement, en les investissant du pouvoir ordinaire. Si les conseils municipaux sont hostiles, vous les dissoudrez, et, de concert avec les maires, vous constituerez une municipalité provisoire; mais vous n'aurez recours à cette mesure que dans un cas de rigoureuse nécessité. Je crois que la grande majorité des conseils municipaux peut être conservée, en mettant à leur tête des chefs nouveaux.

II. *Vos rapports avec les chefs militaires.*

Vous exercez les pouvoirs de l'autorité exécutive; la force armée est donc sous vos ordres. Vous la requerrez, vous la mettez en mouvement; vous pouvez même dans les cas graves, suspendre un chef de corps, en m'en référant immédiatement. Mais vous devez apporter de grands ménagemens dans cette partie de vos fonctions. Tout ce qui, de votre part, blesserait la juste susceptibilité des chefs de corps ou du soldat serait une faute inexcusable. J'ai appris que, dans plusieurs départemens, les commissaires n'ont pas établi sur-le-champ un lien entre eux et l'autorité militaire. Je m'en étonne et vous invite à ne pas manquer à ces règles si simples de bonne politique et de convenance. L'armée a montré dans ces derniers événements sa vive sympathie à la cause républicaine; il faut se la rattacher de plus en plus. Elle est peuple comme nous; elle est la première barrière qui s'opposerait à une invasion. Elle va entrer pour la première fois en possession des droits politiques. Honorez-la donc, et conciliez-vous les bons sentimens de ceux qui la commandent; n'oubliez pas non plus que vos pouvoirs ne sauraient toucher à la discipline. Ils se résument en ces deux mots : « Vous servir de la force militaire ou la contenir, et la gagner par des témoignages d'estime et de cordialité. »

III. *Vos rapports avec la magistrature.*

La magistrature ne relève de l'autorité exécutive que dans le cercle précis tracé par les lois. Vous exigerez des parquets un concours dévoué : partout où vous ne le rencontrerez pas, vous m'en avertirez, en m'indiquant le nom de ceux que recommandent leur droiture et leur fermeté. J'en ferai immédiatement part au ministre de la justice. Quant à la magistrature inamovible, vous la surveillerez, et si quelqu'un de ses membres se montrait publiquement hostile, vous pourriez user du droit de suspension que vous confère votre autorité souveraine.

IV. *La garde nationale.*

Vous recevrez de moi des instructions détaillées sur l'organisation de la milice civique. J'ai tâché d'y prévoir et d'y résoudre toutes les difficultés que vous pouvez rencontrer. Celles qui naîtront d'obstacles imprévus et locaux seront levées par votre patriotisme. En faisant procéder aux élections, vous vous conformerez aux décrets du gouvernement, c'est-à-dire que, par dérogation à la loi de 1831, vous ferez nommer tous les officiers sans exception par les gardes nationaux en commençant par les grades supérieurs. Vous surveillerez soigneusement l'action des sous-commissaires et des municipalités, et vous les obligerez à vous rendre un compte exact de leurs opérations.

V. *Les élections.*

Les élections sont votre grande œuvre; elles doivent être le salut du pays. C'est de la composition de l'assemblée que dépendent nos destinées. Il faut qu'elle soit animée de l'esprit révolutionnaire, sinon nous marchons à la guerre civile et à l'anarchie. A ce sujet, mettez-vous en garde contre les intrigues des hommes à double visage, qui, après avoir servi la royauté, se disent les serviteurs du peuple. Ceux-là vous trompent, et vous devez leur refuser votre appui. Sachez bien que, pour briguer l'honneur de siéger à l'Assemblée nationale, il faut être pur des traditions du passé. Que votre mot d'ordre soit partout : Des hommes nouveaux et autant que possible sortant du peuple.

Les travailleurs, qui sont la force de la nation, doivent choisir parmi eux ceux que recommandent leur intelligence, leur moralité, leur dévouement : réunis à l'élite des penseurs, ils apporteront à la discussion de toutes les grandes questions qui vont s'agiter l'autorité de leur expérience pratique. Ils continueront la révolution et la contiendront dans les limites du possible et de la raison. Sans eux, elle s'égarerait en vaines utopies, ou serait étouffée sous l'effort d'une faction rétrograde.

Eclairez les électeurs et répétez-leur sans cesse que le règne des hommes de la monarchie est fini.

Vous comprenez combien ici votre tâche est grande. L'éducation du pays n'est pas faite. C'est à vous de le guider. Provoquez sur tous les points de votre département la réunion de comités électoraux. Arrêtez-vous à ceux-là seulement qui paraissent présenter le plus de garanties à l'opinion républicaine, le plus de chances de succès. Pas de transactions, pas de complaisances. Que le jour de l'élection soit le triomphe de la révolution.

Le membre du Gouvernement provisoire, ministre de l'Intérieur,

LEDRU-ROLLIN.

Colmar, impr. de Mme veuve DECKER, impr. de l'Administration provisoire du dépt.

www.ingramcontent.com/pod-product-compliance
Lightning Source LLC
Chambersburg PA
CBHW070532050426
42451CB00013B/2976